D1358281

Anticancer

TABLEAU DES ÉQUIVALENCES
* 1 c. à thé au Québec équivaut à 1 c. à café en France

QUÉBEC	FRANCE
Calmar	Encornet
Canneberges	Cranberries
Cassonade	Vergeoise ou sucre roux
Crème épaisse (35 %)	Crème Fleurette entière
Crème légère (10 %)	Crème Fleurette légère
Crème sure	Crème aigre (crème fraîche avec un filet de vinaigre)
Croustade	Crumble
Farine à gâteau	Farine type 45
Farine complète	Farine type 150
Farine de blé entier	Farine type 110
Farine tout usage	Farine type 55
Fromage à la crème	Kiri, St Môret
Fromage cottage	Fromage ricotta ou fromage blanc
Lime	Citron vert
Papier parchemin	Papier sulfurisé
Poudre levante	Levure chimique
Soda à pâte	Bicarbonate de soude
Yogourt	Yaourt

© Louise Rivard et Les Publications Modus Vivendi inc., 2012

LES PUBLICATIONS MODUS VIVENDI INC.
55, rue Jean-Talon Ouest, 2e étage
Montréal (Québec) H2R 2W8 CANADA

www.groupemodus.com

Éditeur : Marc Alain
Éditrice déléguée : Isabelle Jodoin
Designers graphiques : Catherine et Émilie Houle
Photographe : André Noël
Crédits photos de la page 9 : © Dreamstime.com
Collaborateurs en cuisine : Julie Van Winden et Simon Roberge
Réviseur : Guy Perreault
Correctrice : Catherine LeBlanc-Fredette

Dépôt légal — Bibliothèque et Archives nationales du Québec, 2012
Dépôt légal — Bibliothèque et Archives Canada, 2012

ISBN 978-2-89523-708-2

Nous reconnaissons l'aide financière du gouvernement du Canada par l'entremise du Fonds du livre du Canada pour nos activités d'édition.

Gouvernement du Québec — Programme de crédit d'impôt pour l'édition de livres — Gestion SODEC

Imprimé en Chine

Recettes tirées du livre *200 recettes anti-cancer*

Anticancer

Louise Rivard
avec la collaboration du
D' Réjean Lapointe, Ph. D.
Photographe André Noël

MODUS VIVENDI

Préface

Les chiffres sont toujours saisissants : une personne sur trois sera atteinte du cancer dans sa vie, et une sur quatre en mourra. Nous connaissons tous une personne de notre entourage ou de notre famille qui en est atteinte. C'est une loterie où il y a trop de perdants ! Mais que pouvons-nous faire pour mettre les chances de notre côté pour l'éviter ? Évidemment, nous nous préoccupons de ce qui nous entoure, de l'environnement : la qualité de l'air que nous respirons, de l'eau, le tabagisme et la fumée secondaire, et bien d'autres choses encore. Pourtant, ce que nous mangeons est probablement ce qui va le plus influencer notre état ! Il est donc primordial de se nourrir avec soin. Certains prétendent d'ailleurs que nous sommes ce que nous mangeons... ce n'est pas faux ! Ce que nous offre l'alimentation moderne est de plus en plus modifié, dénaturé, sursucré, sursalé, édulcoré ! Nous n'avons qu'à lire les listes d'ingrédients pour constater qu'il s'agit davantage de chimie que d'alimentation. Or, il n'y a pas si longtemps, nos ancêtres n'étaient pas exposés à ces nouveaux produits de l'alimentation moderne. Si nous poussons plus loin la réflexion, nous pouvons dire que l'être humain est issu de dizaines de milliers d'années d'évolution, et ce que nous mangeons, en bonne partie, dans nos sociétés modernes, est bien différent de ce à quoi notre corps a été préparé.

Se rapprocher d'une alimentation plus équilibrée, davantage en harmonie avec notre corps qui est le fruit de ces milliers d'années d'évolution, est certainement une façon d'améliorer notre bien-être. Mais comment s'y prendre si on cherche à aider notre corps à prévenir le cancer ou à le combattre ? La diététique est certainement une science complexe et plutôt instable dans ses recommandations. Toutefois, les résultats de certaines études récentes nous permettent de croire que notre alimentation peut grandement aider notre organisme à faire face à cette terrible maladie qu'est le cancer. En particulier, il semble que plusieurs aliments, dont certains ont des racines très anciennes, pourraient nous conditionner à prévenir et à combattre plus efficacement les tumeurs. Ce livre vise à combler un vide en offrant une multitude de solutions sous forme de recettes, certaines élaborées, d'autres très simples, qui permettent d'intégrer une alimentation saine dans notre quotidien, orientées vers la prévention du cancer. Évidemment, il reste essentiel de suivre à la lettre ce que votre médecin vous prescrit si vous êtes atteint de cette maladie. Mais il est tout à fait souhaitable d'adopter et de conserver une saine alimentation, ce qui représente une façon efficace de bien conditionner son corps pour prévenir ou lutter contre le cancer.

Les recettes proposées dans ce livre s'inspirent d'un courant de pensée qui a émergé dans les dernières années. Ce livre constitue certainement un outil permettant de conditionner notre corps à un meilleur état de santé en général. Évidemment, bien s'alimenter pour prévenir le cancer peut avoir d'autres effets bénéfiques, sur le système cardiovasculaire, hormonal et immunologique, entre autres. Et le plus fantastique est que ces recettes sont succulentes. Il y a tant de saveurs à découvrir et à apprécier. La majorité des recettes proposées par Louise Rivard sont inspirées des cuisines du monde, de multiples origines (méditerranéenne, orientale, indienne et bien d'autres). En fait, on associe trop souvent « alimentation saine et équilibrée » avec « nourriture sans saveur »... rien n'est moins vrai ! La préparation d'un livre comme celui-ci nécessite des mois de travail et d'essais pour optimiser le goût des plats proposés. Ainsi, vous retrouverez dans les recettes proposées par l'auteure, multiples ingrédients qui rehaussent le goût des plats préparés tout en intégrant ceux reconnus pour aider à prévenir le cancer. Ainsi, on gagne sur tous les plans : saveurs et santé. Quoi de mieux !

Dr Réjean Lapointe, Ph.D.
Professeur adjoint, Département de médecine (Université de Montréal)

Chercheur en immuno-oncologie humaine
Centre de recherche, Centre hospitalier de l'Université de Montréal (CHUM)
et Institut du cancer de Montréal (ICM)

Introduction

Ce qui est demeuré un grand mystère pendant des siècles a été élucidé en ce début de 21e siècle : une alimentation saine peut contribuer à prévenir le cancer.

L'approche alimentaire basée sur l'héritage des connaissances du passé a fait l'objet de tests scientifiques dans de nombreuses études cliniques et épidémiologiques. Les aliments que l'on pouvait encore considérer comme anodins sont devenus des armes efficaces, des moyens utilisés en médecine pour freiner le développement et la progression du cancer. Puisant dans l'arsenal de mère Nature, les chercheurs ont trouvé des aliments riches en substances anticancéreuses, comparables aux substances dont sont composés les médicaments d'origine synthétique. Il suffit d'accroître sa consommation quotidienne de certains types d'aliments et de les intégrer en quantité appropriée lorsque l'on prépare ses repas.

Nous vous suggérons plus de 55 plats savoureux qui vous aideront à lutter activement contre le cancer. Il nous incombe d'aider notre système immunitaire à conserver son efficacité afin de prévenir le cancer. Vous constaterez que l'intégration d'aliments de base éprouvés scientifiquement au menu quotidien est simple et délicieuse.

Ainsi, plusieurs fruits et légumes que vous cuisinez couramment sont devenus les vedettes de l'heure. Rien de mieux que des plats appétissants sur une table et qui, de plus, éliminent les infections de notre corps ! Testés pour leur rôle préventif, les légumes et les fruits sont apprêtés consciencieusement afin de maximiser leurs substances bénéfiques.

Il vous sera agréable et facile de les cuisiner et d'en redécouvrir plus d'un en réalisant de bonnes combinaisons alimentaires.

Louise Rivard,
Auteure
www.louiserivard.com

Les alicaments

Mais qu'est-ce au juste qu'un alicament ?

Le terme « alicament », qui nous vient de la diététique, et le terme « nutrathérapie » se retrouvent de plus en plus dans les articles scientifiques. Il s'agit d'un produit alimentaire procurant un effet positif sur la santé humaine. Plus simplement, les alicaments sont des aliments fonctionnels qui se démarquent parce qu'ils sont capables d'agir sur une fonction de l'organisme. On les associe au concept d'aliment-médicament, sans toutefois être un médicament. Le terme « aliment santé » conviendrait davantage qu'alicament, qui fait penser à un médicament alimentaire qu'on pourrait chercher à comparer à un médicament traditionnel. L'alicament est donc un aliment bénéfique pour la santé qui peut participer à la prévention ou au traitement de certaines maladies. On cite le sel iodé comme l'ancêtre des alicaments et, plus récemment, le yogourt avec bifidus qui a des propriétés reconnues par la communauté médicale.

Nous assistons actuellement à une consécration scientifique des vertus bénéfiques à long terme des aliments considérés anticancéreux et, plus particulièrement, à la reconnaissance du potentiel curatif et préventif d'une grande variété de leurs constituants. Étant naturels et facilement assimilables par l'organisme, les alicaments viennent renforcer les thérapies employées jusqu'ici (chirurgie, radiothérapie, chimiothérapie), et ce, sans effets secondaires notables.

Au-delà de leur teneur en vitamines et minéraux, la valeur des composés phytochimiques (« phyto », du grec « phyton », signifie plante) de ces alicaments représente à ce jour une bonne arme biologique dont l'homme dispose pour prévenir le cancer. Les éléments dont ils sont composés sont compatibles avec l'organisme humain puisqu'ils sont tout à fait naturels. Ils neutralisent les substances nocives qui pénètrent dans l'organisme.

Les crucifères

Le chou et ses cousins de la famille des crucifères ont été cultivés pour leurs nombreuses vertus depuis la nuit des temps. Les botanistes les classent sous l'appellation Brassica. L'ancêtre dont sont issues les variétés disponibles sur le marché est un chou pommé, *Brassica oleracea*. Parmi ces légumes qui contiennent une grande teneur en molécules phytochimiques, nous retrouvons le brocoli, le chou-fleur, les choux de Bruxelles, le chou feuillu ou frisé sans pomme ou kale et le chou pommé, le chou de Milan ou de Savoie et les choux chinois.

D'autres légumes se classent dans la famille des crucifères : le navet, les radis, le cresson, la moutarde et une plante oléagineuse, le colza (désigné ici, au Canada, sous l'appellation de canola).

Ces légumes libèrent, pendant la mastication, leurs composantes qui subissent des transformations les changeant en molécules anticancéreuses plus puissantes. On comprend dès lors toute l'importance de ne pas trop les faire cuire. Une cuisson rapide à l'étuvée ou à « l'orientale » permet de ne pas perdre ces substances bénéfiques. Il est bien sûr conseillé d'en consommer régulièrement.

L'ail

L'ail, l'oignon et leurs cousins, le poireau, l'échalote et la ciboulette, sont classés dans la famille des liliacées. Leur odeur caractéristique ainsi que leur saveur prononcée démontrent en effet que leurs molécules sulfurées sont très puissantes, disponibles et prêtes à entrer en action dès qu'on les brise pour les utiliser en cuisine. Les propriétés phytochimiques de l'ail auraient un effet protecteur contre les nitrites, ces agents alimentaires utilisés dans la préservation des charcuteries. Ils méritent une place de choix dans l'élaboration des menus.

L'ail contient de l'allicine, qui peut se transformer en une vingtaine de composés aux propriétés anticancéreuses démontrées à ce jour. Pour sa part, l'oignon contient de la quercétine, une substance efficace dans la prévention du cancer.

La tomate

On retrouve des molécules de lycopène dans les fruits et les légumes de couleur rouge, jaune ou orange. On en trouve aussi une forte concentration dans les produits dérivés de la tomate, comme la pâte de tomate, la sauce tomate et la soupe aux tomates. Les recherches ont confirmé que l'action anticancéreuse maximale des tomates est atteinte lorsqu'on ajoute une matière grasse en cours de cuisson. Ainsi, les sauces tomate à l'huile d'olive procureraient une bonne source de lycopènes assimilables.

Le soja

Le soja et ses dérivés, la farine de soja, les fèves de soja entières, le miso, le tofu, le lait de soja et la sauce soja, sont les principales sources d'isoflavones, des composés phytochimiques anticancéreux d'un grand intérêt. Cette légumineuse est injustement considérée en Occident. Il faut savoir qu'elle est très riche en protéines, en vitamines et en minéraux, en acides gras essentiels et en fibres. Largement consommées en Orient, les fèves nature ou séchées gagneraient à être intégrées au menu quotidien en quantité modérée (environ 50 g par jour).

Les petits fruits

Les petits fruits, tels que les fraises, les framboises, les bleuets et les canneberges, ont un potentiel anticancéreux indéniable, en plus d'être délicieux. Reconnus pour leurs qualités antioxydantes, ils ont en plus une efficacité éprouvée de leurs composés phytochimiques. Les bleuets sauvages viennent en tête de liste pour leurs quantités d'antioxydants et autres substances chimiques, suivis par les canneberges (que l'on conseille de consommer séchées), les mûres, les framboises, les fraises et les cerises.

Le curcuma

Cette épice qui compose la poudre de cari (mélange d'épices comprenant environ 20 % de curcuma, du cumin, de la coriandre, de la cardamome, du fenugrec et une combinaison de différents poivres) possède des propriétés thérapeutiques qui ont impressionné les chercheurs qui se sont penchés sur ses effets anticancéreux. La médecine traditionnelle indienne et chinoise en faisait déjà un grand usage pour traiter plusieurs maux (désordres physiques, fièvre, troubles hépatiques, congestion). Son principal composé, la curcumine, est toujours utilisé dans l'industrie alimentaire pour colorer la moutarde, mais dans une très faible proportion comparativement aux quantités utilisées couramment en cuisine. Mélangé au poivre, le curcuma maximise plus de 1000 fois son assimilation.

Les oméga-3

Les oméga-3, ou acides gras polyinsaturés, sont importants dans l'alimentation. Le corps humain étant incapable d'en produire, ils doivent provenir de sources alimentaires externes. Nous les retrouvons dans les huiles végétales, les noix et les graines, les poissons gras comme les sardines, le hareng, le maquereau, le saumon et la truite arc-en-ciel ainsi que dans les fruits de mer en général.

Une bonne consommation d'aliments de ce type est d'une importance majeure, surtout en Occident où elle est très faible. Les oméga-3 ont des effets bénéfiques pour la santé et contribuent à réduire les risques de cancer et de maladies cardiovasculaires.

Les agrumes

Les principaux agrumes consommés par la plupart des gens sont l'orange, le pamplemousse, le pomelo, la mandarine, la clémentine, le citron et la lime. Ils ont toujours eu la faveur des consommateurs tant pour leur apport en vitamines C que pour les plats qu'ils rehaussent. Les recherches ont mis en lumière le fait qu'ils possèdent plusieurs autres molécules agissant directement sur les cellules cancéreuses et qui pourraient, elles aussi, lutter contre leur progression. S'ajoute à cela une action anti-inflammatoire notable et la capacité de permettre une augmentation de la performance anticancéreuse d'autres aliments et de leurs composés phytochimiques. Il ne faut pas se gêner pour en consommer régulièrement et en ajouter à ses recettes.

Le thé vert

Le thé vert se taillera sûrement la place qui lui revient dans les prochaines années. À cause de ses origines asiatiques, il commence à être consommé en Occident davantage par les amateurs de cuisine orientale. À l'origine, il était employé comme médicament.

Son histoire est aussi riche que sa culture est intéressante. Le thé vert contient des molécules de catéchines qui ont un grand potentiel anticancéreux. Préférez les thés verts japonais de types sencha-uchiyama et gyokuro, entre autres, qui en possèdent une plus forte concentration. Les thés chinois ne sont pas à dénigrer. On doit infuser environ 8 à 10 minutes, pour un maximum de composés protecteurs. On suggère d'espacer dans la journée la consommation des 3 tasses suggérées.

Le chocolat

Le chocolat noir contenant 70 % de pâte de cacao pur contiendrait assez de composés bénéfiques pour agir sur le cancer et d'autres maladies chroniques affectant le système cardiovasculaire. L'effet préventif de 80 g de chocolat permet aussi de diminuer sa consommation de desserts et autres sucreries. Une grande consommation de sucreries et de produits à haute teneur en sucre a pour conséquences l'augmentation du taux de cholestérol sanguin, la prise de poids et d'autres effets non bénéfiques pour la santé.

Le vin rouge

Le vin rouge contient une substance active dans la prévention du cancer, le resvératrol. Il aide aussi à réduire les risques de maladies cardiovasculaires. Une autre qualité intéressante de cette molécule est sa capacité à augmenter la longévité des cellules. Les pays où l'on consomme régulièrement du vin ont une population ayant une alimentation très saine. Leur nourriture est arrosée d'huile d'olive, abonde en fruits, en légumes et en noix et comporte de moins grandes quantités de viande, comparativement aux menus occidentaux.

Il est recommandé d'intégrer le vin rouge aux autres aliments santé dans une optique de prévention stratégique, mais avec modération. Les scientifiques se sont basés sur bon nombre d'études effectuées dans des pays méditerranéens pour tirer leurs conclusions. Mais il y a encore de la recherche à faire sur le vin rouge et ses constituants pour déterminer jusqu'à quel point il peut jouer un rôle dans le maintien d'une bonne santé.

Les bonnes habitudes de vie

Fini le temps des régimes de privation ou des régimes miracles. Vous devez sûrement commencer à reconnaître les aliments non recommandés et chercher à les faire disparaître graduellement de votre alimentation : les charcuteries, à cause des agents de conservation chimiques, les marinades et les produits conservés dans de grandes quantités de sel, les viandes carbonisées cuites sur les flammes du barbecue, les fritures, dont les huiles sont souvent hydrogénées et qui ont été chauffées plusieurs fois et, bien entendu, les sucreries et tous les produits raffinés en général.

Le vent a tourné en faveur d'une alimentation saine, d'une meilleure connaissance des aliments santé et de l'activité physique. Ce sont des moyens simples pour prévenir le cancer. En plus des découvertes sur les aliments aidant à prévenir certaines formes de cancer et à améliorer la santé, voilà que plus d'une cinquantaine d'études poussées nous confirment que les gens sédentaires qui changent leurs habitudes de vie en pratiquant régulièrement une activité sportive, préviennent plus efficacement les risques de cancer de 30 à 40 %. Pour certains types de cancer, le pourcentage est plus élevé encore. De plus, l'exercice stimule le système immunitaire.

Enfin, toutes les formes d'activité physique que l'on peut pratiquer régulièrement ont des effets incontestables sur la santé physique et morale. Les gens déprimés améliorent leur état en pratiquant une activité qui leur permet de sortir de leur marasme et qui augmente de surcroît la sécrétion de substances endogènes sans avoir recours à des médicaments.

Les enfants sont d'autant plus concernés que certains éviteraient les problèmes d'obésité – tout comme les adultes d'ailleurs –, s'ils jouaient plus souvent dehors, marchaient pour se rendre à l'école et passaient moins de temps devant le téléviseur ou l'écran de l'ordinateur.

Cesser de fumer est l'une des grandes décisions à prendre dans la vie. Les problèmes de santé liés au tabagisme nourrissent les statistiques depuis nombre d'années. Les gens qui cessent de fumer réussissent à éliminer facilement les quelques kilos en trop en faisant un peu d'exercice ou en augmentant le rythme de leurs activités en général.

L'équilibre alimentaire

La pyramide alimentaire publiée et conçue par nos institutions gouvernementales sera appelée à évoluer. Les fondations d'un équilibre alimentaire reposent sur des classes d'aliments que nous avons la chance d'obtenir facilement et à longueur d'année. Les aliments qui ont été étudiés et qui s'avèrent efficaces dans la prévention du cancer en font justement partie.

Il est donc d'une grande importance de mettre à jour ses connaissances nutritionnelles, de porter son intérêt vers les aliments sains et, bien sûr, d'éliminer les plats de restauration rapide, souvent trop salés et riches en mauvais gras et en sucre caché. La connaissance des différents groupes d'aliments nécessaires pour composer un bon repas s'avère donc primordiale dans la préparation de menus au potentiel énergétique et phytochimique plus grand, en vue de la prévention de maladies comme le cancer, entre autres.

Les fruits et les légumes doivent figurer au menu quotidien, frais ou cuisinés de façon à conserver leurs substances bénéfiques, mais aussi les bonnes sources de protéines, les produits céréaliers à grains entiers, les lipides (matières grasses) de qualité, soit des huiles végétales santé possédant des composantes naturelles bienfaisantes.

Certaines personnes peuvent changer rapidement leur alimentation sans rencontrer de problèmes. Pour d'autres, cela demandera plus d'effort car la nourriture comme les passe-temps sont des habitudes ancrées depuis l'enfance. Il faut s'accorder le temps pour faire de nouvelles expériences culinaires, apprivoiser une recette, une nouvelle façon de cuisiner.

Si vous ne cuisinez pas souvent, commencez par des recettes simples et rapides, un poisson grillé ou une salade par exemple. Ayez sous la main tous les ingrédients suggérés avant de commencer et lisez la recette au complet pour bien exécuter ce plat qui vous met l'eau à la bouche juste en le nommant ou en parcourant la liste de tout ce qu'il vous faut pour le préparer.

Les ingrédients anticancer

agrumes
citron, lime, orange, pamplemousse, tangerine

autres
algues de toutes sortes, câpres, herbes (anis, basilic, coriande, persil, thym), champignon shiitake

crucifères
brocoli, bok choy, chou blanc et coloré, chou de Bruxelles, chou-fleur, chou de milan, chou rouge, chou vert, cresson, kale, Chou-rave, chou nappa, navet, radis

curcuma et épices
cannelle, clou de girofle, gingembre, graines de coriande, piment chili, poivre de curcuma, piment rouge fort

légumes divers
artichaut, asperge, aubergine, carotte, céleri, champignon, épinard, fenouil, laitue, luzerne, patate douce, pomme de terre, pois verts, poivron

ail et oignons
ail, ciboulette, échalote française, échalote grise, fleur d'ail, oignon, oignon espagnol, oignon perlé, oignon vert, poireau

blé
farine de blé, son de blé, épeautre, kamut

chocolat
chocolat noir 70 % de cacao et plus

fruits divers
abricot, avocat, ananas, banane, cantaloup, goyave, kiwi, mangue, melon d'eau, melon miel, papaye, pêche, poire, pomme, prune, raisin rouge

omega-3
arachides, noix de cajou, graines de citrouille, graines de chanvre, graines de lin moulues, graines de tournesol, huile d'olive, huile de canola, noix de pin, noix de Grenoble, noix de pacane, maquereau, sardine, saumon, truite

petits fruits
bleuet, canneberge fraîche et séchée, cerise, groseille, fraise, framboise, mûre, açaï, goji

soya
fèves, haricots, huile de soya, lait de soya, miso, sauce soya, tofu

thé vert
matcha en poudre, sencha, thé vert décaféiné

tomates
pâte de tomate, sauce spaghetti, sauce tomate, tomates de toutes sortes

vin
vin rouge

Les recettes

Gravlax à la coriandre

4 portions

Préparation

Écraser les grains de poivre et de coriandre au mortier ou avec un moulin à café. Dans un plat avec un rebord (en verre, en céramique ou en inox), verser le sel, le sucre et les épices moulues et mélanger. Envelopper le poisson d'une bonne couche de ce mélange et le recouvrir d'une pellicule plastique. Déposer dessus des boîtes de conserve ou tout autre contenant ayant un certain poids. Laisser au réfrigérateur de 24 à 48 heures, en retournant le filet aux 12 heures si possible. Rincer et servir en taillant des lanières très fines en utilisant un couteau bien affûté.

Suggestions

Vous pouvez utiliser de la cassonade et varier les épices en conservant les mêmes quantités de sel et de sucre.

Variante : Gravlax aux herbes

Utiliser les mêmes ingrédients que pour la recette de Gravlax à la coriandre. Remplacer les grains de coriandre par de l'estragon et de la ciboulette. L'utilisation d'herbes fraîches nécessite que vous recouvriez le poisson entièrement d'herbes et qu'il soit très comprimé dans la pellicule plastique. Vous pouvez superposer des étages de poisson, sel, sucre et herbes pour réaliser plus d'un filet à la fois. Enrouler les tranches fines de manière à former une fleur. Vaporiser d'huile d'olive, saupoudrer d'un choix d'herbes fraîches coupées finement : persil, estragon ou ciboulette.

Remarque

Le gravlax se conserve bien au réfrigérateur quelques jours bien enveloppé d'une pellicule plastique. Découvrez sa versatilité : il s'utilise très bien dans la conception de divers petits canapés, en plus de pouvoir remplacer avec classe le saumon fumé dans le populaire bagel au fromage à la crème. Il se prête bien aux pâtes en sauce à la crème rehaussées d'un peu d'herbes fraîches, telles que la ciboulette ou l'aneth ciselé, ou l'estragon

Ingrédients

1 c. à thé de poivre noir en grain

1 c. à thé de grains de coriandre

100 g (½ tasse) de gros sel

100 g (½ tasse) de sucre

150 g (5 oz) de filet de saumon frais

Endives farcies au poulet

6 à 7 portions

Préparation

Faire tremper le champignon 30 minutes dans l'eau chaude. Le presser sur un linge pour enlever l'eau, couper le bout sec de la tige. Couper tous les légumes très finement. Tailler de petits cubes d'orange. Trancher le poulet en fines lanières ou en petits cubes. Faire sauter tous les ingrédients dans l'huile quelques minutes. Verser un filet de sauce soya et terminer en glaçant avec la sauce mirin. Détacher les feuilles d'endive. Farcir chaque feuille et les disposer dans une assiette de service. Servir immédiatement.

Ingrédients

1 champignon shiitake

2 c. à thé de poivron vert

1 c. à thé de petits oignons rouges

2 c. à thé d'orange

½ suprême de poulet

Sauce soya

1 c. à thé de Sauce mirin

1 endive

Suggestions

Faire des suprêmes d'agrumes est relativement simple : munissez-vous d'un bon couteau, taillez une extrémité et glissez la lame entre la pulpe et l'écorce; découpez les quartiers de manière à les dégager complètement de leur enveloppe. N'oubliez pas que les fruits et les légumes acides usent les lames de couteaux.

Oignons farcis au parmesan et romarin

1 portion

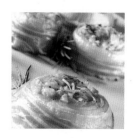

Préparation

Blanchir l'oignon dans l'eau bouillante. Prélever la chair et la couper en dés; émincer l'ail et hacher le romarin finement. Ajouter la crème et le fromage parmesan. Mélanger. Assaisonner au goût. Envelopper l'oignon de prosciutto et le faire tenir avec un brin de romarin. Farcir l'oignon et cuire au four à 400 °F (200 °C) 10 à 15 minutes.

Ingrédients

1 oignon moyen

1 gousse d'ail

½ c. à thé de romarin haché

Crème à cuisson

2 c. à thé de parmesan râpé

Poivre noir au curcuma

1 tranche de prosciutto

Brin de romarin

Oignons farcis aux champignons

1 portion

Préparation

Blanchir l'oignon dans l'eau bouillante. Prélever la chair et la couper en dés; émincer l'ail et couper le romarin et le champignon finement. Ajouter la crème et le fromage parmesan. Mélanger. Assaisonner au goût. Ajouter quelques gouttes d'huile aromatisée à la truffe si désiré. Envelopper l'oignon de prosciutto et le faire tenir avec un brin de romarin. Farcir l'oignon et cuire au four à 400 °F (200 °C) 10 à 15 minutes.

Ingrédients

1 oignon moyen

Pincée de romarin frais

1 gousse d'ail

1 champignon de Paris

12 g (2 c. à soupe) de parmesan

15 ml (1 c. à soupe) de crème à cuisson

Sel et poivre noir au curcuma

1 tranche de prosciutto

Huile d'olive aromatisée à la truffe (facultatif)

Brin de romarin

Tartare de saumon

2 portions

Préparation

À l'aide d'un couteau bien effilé, tailler des cubes de saumon assez grossièrement. Couper la pomme en dés. Couper l'oignon vert très finement ainsi que le gingembre. Ciseler le persil. Dans un bol en verre ou en inox, mélanger tous les autres ingrédients sauf le jus de lime ou de citron. Préparer le tartare à l'aide d'un emporte-pièce. Réfrigérer 20 à 30 minutes si désiré et ajouter un peu de jus de lime ou de citron, au goût, au moment de servir.

Suggestions

Variez ce tartare en y ajoutant une poire (Bosc) coupée en dés et mélangez une autre herbe telle que de l'estragon finement haché et un peu d'échalote grise, selon ce que vous avez sous la main. Remplacez le saumon par de la truite; le poivre noir par du poivre rose.

Ingrédients

125 g (4½ oz) de saumon

½ pomme Granny Smith en dés

6 g (1 c. à soupe) de gingembre (facultatif)

6 g (1 c. à soupe) d'oignon vert

Persil haché

15 ml (1 c. à soupe) d'huile d'olive

15 ml (1 c. à soupe) d'huile de pépins de raisin

Sel et poivre fraîchement moulu

Pincée de curcuma (facultatif)

¼ de c. à thé de jus de lime ou de citron (facultatif)

Concombres farcis au fromage et aux mûres

6 portions

Préparation

Trancher le concombre en morceaux d'environ 6 cm (2 po). À l'aide d'une cuillère parisienne (cuillère à melon), vider l'intérieur tout en conservant une base de 2 cm (½ po). Ciseler la ciboulette et la mélanger avec le fromage à la crème. Assaisonner. Déposer la moitié d'une mûre au fond et farcir de fromage (environ 15 g [1 c. à soupe]). Garnir d'une mûre et de brins de ciboulette fraîche. Ajouter également, si désiré, une pincée de curcuma.

Suggestions

Ces entrées peuvent être préparées à l'avance. Par contre, le fromage risque avec le temps de prendre la couleur des baies. Déposer les mûres au moment de servir.

Ingrédients

1 concombre anglais

Ciboulette fraîche ciselée

100 g (⅓ tasse) de fromage à la crème faible en gras

Sel et poivre fraîchement moulu

12 mûres

Pincée de curcuma (facultatif)

Soupe-repas tofu et légumes

1 portion

Préparation

Tremper les vermicelles dans l'eau chaude avant de les cuire dans l'eau bouillante. Égoutter. Préparer un bouillon en délayant 30 ml (2 c. à soupe) de miso par litre d'eau bouillante (soit environ 1 c. à thé par tasse d'eau). Le faire chauffer à feu moyen-doux. Couper les légumes. Réserver. Presser le tofu entre des essuie-tout. Bien l'assécher. Couper en cubes et en conserver une tranche. Faire griller de chaque côté la tranche dans un poêlon huilé. Faire sauter les légumes avec l'ail haché et un trait de sauce soya. Verser de la sauce Mirin à la toute fin. Rassembler tous les ingrédients dans le bol de soupe et garnir avec les légumes et le tofu. Servir.

Remarque

Le tofu est un aliment de plus en plus apprécié car il est pauvre en gras. De plus, ses isoflavones sont reconnues pour leurs propriétés anticancer. Ce lait de soya caillé se déguste chaud ou froid, grillé, mariné ou nature. Le tofu soyeux est disponible nature ou aromatisé. Il permet de préparer smoothies et desserts et rendra un potage velouté. On peut s'en procurer facilement au supermarché, dans les épiceries orientales et dans les épiceries spécialisées.

Ingrédients

1 portion de vermicelles de riz

250 à 300 ml (1 à 1¼ tasse) de bouillon au miso

1 petit bok choy

Carottes émincées

Pousses de bambou

1 oignon vert

1 morceau de tofu

Huile végétale bio (d'arachide, de canola)

1 gousse d'ail

Sauce soya

Sauce mirin (facultatif)

Potage au broccoli

4 portions

Préparation

Séparer le brocoli en bouquets. Faire revenir la pancetta, l'oignon et l'ail haché dans l'huile d'olive à l'intérieur d'un poêlon; saupoudrer une pincée de chaque épice. Retirer la pancetta. Porter 1 l (4 tasses) d'eau à ébullition et cuire le brocoli 5 minutes. Incorporer les oignons, l'ail et le riz cuit et bien mélanger. Cuire 10 minutes de plus. Passer au mélangeur en versant le lait de soya ou le tofu soyeux. Rectifier l'assaisonnement. Bien mélanger. Servir chaud accompagné de petits morceaux de brocoli cru et de croûtons.

Suggestions

Ajouter du lait de soya pour une texture plus crémeuse (une partie de lait pour 3 parties de potage). Remplacer le lait de soya par de la crème ou du lait. Éviter de faire bouillir. Le mélange se conserve au congélateur environ 1 mois. Diviser en portions individuelles prêtes à servir.

Ingrédients

1 brocoli

1 tranche de pancetta

1 oignon jaune moyen

1 gousse d'ail

30 ml (2 c. à soupe) d'huile d'olive extra vierge

1 pincée d'épices (curcuma, cumin et coriandre)

3 g (1 c. à soupe) de persil frais

1 l (4 tasses) d'eau ou de bouillon (poulet ou légumes)

1 tasse de céréales cuites (riz, tapioca, orge)

150 g (5 oz) de tofu soyeux ou 125 ml (½ tasse) de lait de soya non sucré

Potage aux tomates et poivron rouge

4 portions

Préparation

Couper l'échalote et les poivrons en morceaux. Hacher l'ail. Les faire revenir dans l'huile d'olive pour les attendrir. Trancher les tomates. Faire chauffer le bouillon dans un faitout jusqu'à ébullition. Incorporer tous les ingrédients. Réduire le feu à moyen-doux et laisser mijoter environ 30 minutes. Passer au mélangeur. Ajouter du bouillon ou de l'eau si la consistance est trop épaisse. Rectifier l'assaisonnement. Servir avec un petit filet d'huile d'olive.

Remarque

Le poivron rouge a des propriétés antioxydantes appréciables. Il se combine bien avec les lycopènes fournis par les tomates.

Ingrédients

1 échalote française

3 poivrons rouges

½ c. à thé d'ail (facultatif)

Huile d'olive

3 grosses tomates

750 ml (3 tasses) de bouillon de poulet ou de légumes

1 c. à soupe de persil haché

15 ml (1 c. à soupe) de pâte de tomate

¼ c. à thé de curcuma

Sel et poivre noir

Potage mixte

4 portions

Préparation

Trancher les poireaux en rondelles et les faire cuire dans l'huile d'olive jusqu'à ce qu'ils deviennent transparents. Ajouter l'ail coupé en morceaux. Dans un faitout, porter l'eau à ébullition et cuire la pomme de terre râpée. Incorporer les poireaux, les feuilles de céleri et les herbes. Mélanger et assaisonner. Laisser mijoter 20 à 30 minutes à feu doux. Enlever la feuille de laurier. Passer au mélangeur et ajouter du lait de soya, de la crème ou du lait pour obtenir une crème onctueuse. Rectifier l'assaisonnement.

Ingrédients

2 poireaux

15 ml (3 c. à soupe) d'huile d'olive extravierge

1 gousse d'ail

1 l (4 tasses) d'eau ou de bouillon de poulet

1 pomme de terre

3 g (1 c. à soupe) de feuilles de cœur de céleri

3 g (1 c. à soupe) de persil frais

1 c. à thé de ciboulette séchée

1 feuille de laurier

Lait ou crème ou lait de soya non sucré (facultatif)

Sel et poivre fraîchement moulu

Crème de chou-fleur

4 portions

Préparation

Couper la base du chou-fleur pour mieux le séparer en bouquets. Arroser de jus de citron. Trancher le fenouil. Dans un faitout, porter 1 l (4 tasses) d'eau salée à ébullition. Réduire le feu. Cuire le chou-fleur et le fenouil avec la feuille de laurier, le persil et la ciboulette 15 à 20 minutes. Enlever la feuille de laurier. Passer tous les ingrédients au mélangeur. Verser l'huile et du lait de soya ou de la crème pour un potage plus velouté. Rectifier l'assaisonnement. Ajouter une pincée de curcuma et des herbes fraîches au moment de servir, si désiré.

Remarque

Employez un chou-fleur complet si vous n'avez pas de bulbe de fenouil. Ajoutez une étoile d'anis pendant la cuisson pour une note parfumée. Remplacer la moitié, ou plus, de crème par du lait.

Ingrédients

1 petit chou-fleur

Jus de citron

½ bulbe de fenouil

1 feuille de laurier

Persil et ciboulette ciselés

1 tasse de riz cuit ou
250 g (9 oz) de pommes de terre cuites

200 ml (un peu plus de ¾ tasse) de crème

15 ml (1 c. à soupe) d'huile de canola ou de tournesol biologique

Lait de soya non sucré ou crème (facultatif)

Sel et poivre fraîchement moulu

Curcuma

Soupe minute au tofu

2 portions

Préparation

Tremper les vermicelles dans l'eau. Presser le bloc de tofu entre deux essuie-tout. Le couper en dés d'environ 2 cm (¾ po). Laver et essorer les boks choys ou le cresson. Hacher le cresson grossièrement et garder les jeunes pousses. Couper les boks choys en 2 ou en 4, selon la grosseur. Couper la carotte et l'oignon vert en tranches fines. Faire chauffer le bouillon à feu moyen-élevé. Ajouter les vermicelles, les cubes de tofu, la carotte et l'oignon vert. Laisser mijoter environ 5 minutes. Servir avec un filet d'huile bio, des graines de sésame et offrir de la sauce soya et du poivre de Cayenne, si désiré.

Ingrédients

Vermicelles de riz

½ bloc de tofu ferme

Mini boks choys ou cresson

1 carotte

1 oignon vert

450 ml (3 tasses) de bouillon de poulet

Huile végétale bio (sésame, tournesol)

Graines de sésame noires

Sauce soya (facultatif)

Poivre de Cayenne (facultatif)

Salade de chou à la Waldorf revampée

2 portions

Préparation

Râper le chou en fines lanières à l'aide d'une mandoline. Détacher de petits bouquets de chou-fleur. Les blanchir quelques minutes puis les passer sous l'eau froide. Couper les pommes en dés et les arroser de jus de citron. Mélanger tous les ingrédients dans un saladier et verser de l'huile de noisette et du vinaigre balsamique. Assaisonner. Servir.

Ingrédients

1 tasse de chou vert

1 tasse de chou-fleur de couleur

1 pomme verte

1 pomme rouge

Jus de citron

Noix de Grenoble et de pacane

Huile de noisette

Vinaigre balsamique

Pincée de curcuma

Poivre noir moulu

Soupe express aigre-piquante

1 portion

Préparation

Faire chauffer le bouillon à feu moyen-élevé. Couper le chou et le champignon en fines lanières. Les ajouter au bouillon avec les condiments. Laisser mijoter 5 minutes. Incorporer les crevettes dans le bouillon. La cuisson les fera rosir. Écumer au besoin. Jeter les nouilles et les lanières de champignon dans le bouillon chaud. Verser le jus de citron et remuer. Servir avec de la coriandre ciselée et du persil.

Suggestions

Préparez cette soupe avec d'autres poissons ou fruits de mer : calmars, pétoncles ou poissons gras riches en oméga-3.

Cuisinez un autre bouillon en y ajoutant ½ c. à thé de pâte de tomate ou 1 c. à soupe de sauce tomate au bouillon. Ainsi, on ajoute des lycopènes supplémentaires à son menu.

Ingrédients

375 à 430 ml (1½ à 1¾ tasse) de bouillon de poisson

Lanières de chou vert

1 champignon shiitake frais

½ c. à thé d'ail haché

½ c. à thé de gingembre râpé

½ c. à thé de sauce de poisson

½ c. à thé de miel (facultatif)

⅛ de c. à thé de piment rouge thaïlandais haché ou de pâte de chili sambal œlek

Quelques crevettes

Nouilles udon

1 c. à thé de jus de citron

Brin de coriandre

1 c. à thé de persil haché

Salade de chou-rave et canneberges

2 à 4 portions

Préparation

Couper les légumes, les canneberges séchées et la pomme en dés et les transférer dans un saladier. Fouetter les ingrédients de la vinaigrette et verser sur les légumes. Mélanger délicatement. Rectifier l'assaisonnement. Ajouter les pistaches hachées.

Remarque

Le chou-rave (parfois appelé kohlrabi ou kolorabi) fait partie de la grande famille des crucifères qui comptent parmi eux les choux, le brocoli, le navet ainsi que les diverses laitues chinoises. On peut s'en procurer à l'année. En ce qui concerne le chou-rave, on peut dire qu'il s'agit d'un légume à découvrir. Il est juteux et légèrement sucré.

Ingrédients

1 chou-rave

1 avocat

1 poignée de canneberges séchées

½ pomme verte

1 poignée de pistaches

Vinaigrette

Le jus d'un demi-citron

1 c. à thé de miel

60 ml (¼ tasse) d'huile d'olive

5 à 6 feuilles de menthe

Sel et poivre fraîchement moulu

Salade de poireau grillé à la feta et à la menthe

4 portions

Préparation

Cuire les poireaux dans l'eau bouillante salée 2 minutes. Refroidir sous l'eau froide, égoutter et sécher sur du papier absorbant. Les couper en morceaux et les enrober d'huile d'olive. Dans une poêle cannelée, les faire griller 2 à 3 minutes de chaque côté à feu moyen-vif. Réserver. Épépiner soigneusement le piment. Le couper en morceaux très fins. Détailler les tomates et le fromage feta en cubes. Dans un bol, incorporer les ingrédients de la vinaigrette et fouetter. Saler et poivrer et ajouter du jus de citron, au goût. Verser la vinaigrette sur le mélange tomates-feta. Incorporer les olives et la menthe hachée. Faire mariner 1 à 2 heures au réfrigérateur en mélangeant quelques fois. Faire chambrer avant de servir, soit 15 à 30 minutes. Disposer sur les morceaux de poireaux au moment de servir et décorer de feuilles de menthe.

Ingrédients

8 jeunes poireaux minces

Huile d'olive

½ piment rouge frais (facultatif)

2 tomates épépinées

150 g (1 tasse) de feta émietté

50 g (⅓ tasse) d'olives noires hachées

6 g (2 c. à soupe) de menthe fraîche hachée

Vinaigrette

Huile d'olive vierge

1 gousse d'ail finement hachée

Sel et poivre noir fraîchement moulu

30 à 45 ml (2 à 3 c. à soupe) de jus de citron

Feuilles de menthe fraîche

Prosciutto et chèvre en salade

2 à 3 portions

Préparation

Couper le kaki en tranches et le prosciutto en lamelles. Former des petites fleurs en enroulant le prosciutto. Couper les tomates séchées en petits morceaux. Les incorporer dans un bol avec les autres ingrédients de la vinaigrette. Mélanger. Vérifier l'assaisonnement. Garnir les assiettes de laitue, au choix, et déposer le fromage façonné en petites boules au moment de servir. Verser la vinaigrette en filet ou à côté des légumes.

Suggestions

Si vous n'avez pas de kaki sous la main, remplacez par du cantaloup. Enrobez les fleurs de proscuitto de vinaigrette avant de les disposer dans les assiettes.

Remarque

Le kaki est une source très appréciable de provitamine A. Ses pigments actifs dont la carotène, les lycopènes et xanthines, qui sont des agents de protection contre certains cancers et complications cardiovasculaires, renforcent l'action bénéfique de la provitamine A.

Ingrédients

1 kaki

4 tranches de prosciutto

Laitue (facultatif)

100 g (3½ oz) de fromage de chèvre aux tomates séchées

Vinaigrette

2 tomates séchées dans l'huile

30 ml (2 c. à soupe) d'huile d'olive

1 c. à thé de jus de lime

1 c. à thé de vinaigre balsamique blanc ou rouge

Pincée de fines herbes

Sel et poivre fraîchement moulu

Salade de papaye, bleuets sauvages et crevettes

1 portion

Préparation

Couper la papaye en 2 puis en fines tranches. Faire de même avec l'avocat. Les arroser de jus de lime pour ne pas qu'elles s'oxydent. Émincer le céleri et l'oignon vert. Les mettre dans un saladier. Incorporer le crabe ou les crevettes hachées, le riz cuit et la mayonnaise. Ajouter une pincée de chacune des épices. Rectifier l'assaisonnement. Verser 1 c. à thé de jus d'orange et 1 c. à thé de jus de lime, au goût. Décorer avec des bleuets, une grosse crevette et du zeste de lime. Servir immédiatement.

Suggestions

On peut se servir de l'écorce des papayes ou des avocats comme récipients pour servir cette salade. Remplacer l'oignon vert par des brins de ciboulette; le jus de lime par du jus de citron.

Ingrédients

½ papaye

½ avocat tranché

1 c. à thé de jus de lime

1 branche de céleri émincée

1 oignon vert émincé

170 g (6 oz) de crevettes hachées ou de crabe

85 g (½ tasse) de riz cuit

Mayonnaise à l'huile d'olive

Paprika

Curcuma

Poivre fraîchement moulu

1 c. à thé de jus d'orange

1 c. à thé de jus de lime

1 poignée de bleuets sauvages

1 grosse crevette cuite

Zeste de lime (facultatif)

Poulet chop suey

4 portions

Préparation

Mélanger la sauce soya et le miel jusqu'à dissolution. Couper le poulet, le tofu, les poivrons et les oignons en fines lanières. Mettre la volaille et le tofu dans un plat creux et arroser avec la sauce soya. Laisser mariner au réfrigérateur 30 minutes à 1 heure. Faire sauter dans un wok ou un poêlon antiadhésif les lanières de poulet et le tofu en ajoutant un peu d'huile. Réserver.

Ajouter un peu d'huile et de l'ail et faire sauter les légumes 2 minutes. Réserver. Faire sauter les germes de soya de la même manière (ils doivent demeurer croustillants); ajouter quelques gouttes d'huile de sésame pour parfumer.

Délayer la fécule de maïs dans l'eau froide. Incorporer du bouillon dans le wok, puis verser le mélange de fécule. Porter à ébullition en remuant jusqu'à épaississement de la sauce. Aromatiser avec de la sauce soya et un peu d'ail haché. Incorporer les légumes, le poulet et le tofu et bien enrober pour le chop suey mijoté. Verser la sauce à part ou au moment de servir pour un montage étagé (voir photo).

Ingrédients

60 ml (¼ tasse) de sauce soya claire

15 ml (1 c. à soupe) de miel (facultatif)

300 g (10½ oz) de blanc de poulet, sans la peau

1 cube de tofu (facultatif)

Poivrons de couleur

2 oignons

Huile végétale bio (tournesol, pépins de raisin)

Sauce soya

2 gousses d'ail hachées

120 g (4 tasses) de germes de soya

Huile de sésame

7 g (1 c. à soupe) de fécule de maïs

45 ml (3 c. à soupe) d'eau

250 ml (1 tasse) de bouillon de poulet (facultatif)

Trio de cailles braisées au vin rouge et aux herbes

2 portions

Préparation

Préchauffer le four à 160 °C (325 °F). Verser 1 tasse de vin rouge dans une casserole allant au four. Nettoyer les cailles, y déposer un bouquet d'herbes à l'intérieur avec des feuilles de céleri et un oignon et attacher les cuisses et les ailes avec de la ficelle. Cuire les cailles enveloppées de papier d'aluminium ou avec un couvercle (préférablement) environ 20 minutes avec les légumes d'accompagnement (ou les cuire à part à la vapeur). Découvrir et badigeonner de miel et d'huile d'olive. Saler et poivrer. Rôtir 3 à 5 minutes. Laisser reposer une dizaine de minutes avant de servir. Réduire le jus de cuisson à feu doux et l'épaissir avec un peu de fécule de maïs ou un beurre manié, si désiré. Rectifier l'assaisonnement. Servir avec les légumes arrosés d'un filet d'huile d'olive.

Suggestions

La chair des cailles durcit si elle est trop cuite. Le blanc demeure rosé contrairement au poulet.

Ingrédients

250 ml (1 tasse) de vin rouge

3 cailles

Brins de romarin

Brins de sauge

Feuilles de céleri

3 petits oignons

Carottes

Céleri

Poireau

Miel

Huile d'olive

Sel et poivre au curcuma

Fécule de maïs ou beurre manié (facultatif)

Magret de canard laqué au gingembre et au miel

1 portion

Préparation

Blanchir le brocoli dans de l'eau aromatisée au soya avec du jus de lime. Faire sauter le poivron coupé en lamelles dans l'huile de sésame additionnée d'une pincée de poivre au curcuma. Faire rôtir le magret au four à 220 °C (425 °F) de 9 à 12 minutes, selon la cuisson souhaitée.

Trancher le canard en aiguillette. Faire une sauce laquée à base de gingembre et de miel ou de sirop d'érable, d'ail haché et de sauce soya. Amener à ébullition. La sauce caramélisée doit être très homogène. Servir avec des vermicelles.

Ingrédients

Brocoli

Sauce soya

Jus de lime

Poivron rouge

Huile de sésame

Poivre au curcuma

120 g (4 oz) de magret de canard

Vermicelles au choix

Sauce

½ c. à thé de gingembre haché

Trait de sirop d'érable ou de miel

½ c. à thé d'ail haché

1 c. à thé de sauce soya

Rouleaux de dinde aux légumes sauce thaï

1 portion

Préparation

Dans un poêlon ou un wok, faire revenir les crevettes séchées dans l'huile de sésame. Ajouter la sauce de poisson, l'ail et le gingembre et remuer pendant 1 à 2 minutes. Passer au tamis. Ajouter le reste des ingrédients. Bien mélanger. Réserver. Blanchir les légumes quelques minutes dans l'eau bouillante citronnée pour les attendrir. Passer sous l'eau froide. Égoutter et éponger. Aplatir l'escalope de dinde entre deux pellicules plastiques en utilisant un rouleau à pâte. Farcir l'escalope avec les légumes coupés en fins bâtonnets sauf l'oignon vert dont on a coupé les extrémités. Rouler et ficeler. Faire chauffer assez d'huile dans un wok ou une poêle pour faire revenir le rouleau de dinde farci sur feu moyen-élevé, en arrosant de sauce thaï. Trancher le rouleau en portions. Servir accompagné de nouilles fines ou de riz vapeur.

Ingrédients

1 oignon vert

1 petite carotte

1 feuille de chou rouge

1 escalope de dinde

Huile

Sauce Thaï (60 ml [¼ tasse])

1 c. à thé comble de crevettes séchées

30 ml (2 c. à soupe) d'huile de sésame

¼ c. à thé de sauce de poisson

1 c. à thé de gingembre râpé

1 gousse d'ail hachée

30 ml (2 c. à soupe) de sauce soya

2 c. à thé de miel

Le jus d'une demi-lime

½ c. à thé de coriandre hachée (facultatif)

Filet de saumon style Nouveau-Mexique

2 à 3 portions

Préparation

Mélanger tous les ingrédients de la marinade. Laver et sécher le poisson. Faire mariner 1 à 2 heures. Faire griller le poisson à la poêle ou sur une plaque cannelée antiadhésive environ 4 minutes de chaque côté, ou jusqu'à la cuisson désirée. Servir avec une salade verte, des épis de maïs et des pommes de terre au four.

Suggestions

Utilisez de la sauce chili ou toute autre sauce à base de piments forts vendue dans les épiceries de produits importés. Il faut en faire usage avec modération.

Ingrédients

1 filet de saumon
(250 à 300 g [9 à 11 oz])

Marinade

45 ml (3 c. à soupe) de pâte de tomate

60 ml (¼ tasse) d'huile d'olive

1 c. à thé de pâte de piment
ou de Tabasco

5 g (2 c. à soupe) de coriandre hachée

1 gousse d'ail hachée

¼ c. à thé de curcuma

Poivre noir fraîchement moulu

Truite au four style méditerranéen

1 portion

Préparation

Nettoyer la truite et l'assécher. Couper la tomate et l'oignon en morceaux et faire revenir dans l'huile d'olive environ 1 minute à feu moyen. Ajouter les olives et le thym. Assaisonner. Cuire le poisson au four à 180 °C (350 °F) 15 minutes ou plus selon la grosseur. Quelques minutes avant la fin de la cuisson, déposer la garniture sur le poisson.

Servir la truite accompagnée de pâtes arrosées d'huile d'olive aromatisée à l'ail rôti et saupoudrées d'un bon *parmigiano reggiano* (fromage parmesan importé d'Italie).

Ingrédients

1 filet de truite (environ 150 g [5 oz])

Garniture

1 tomate italienne épépinée

1 oignon vert

8 g (1 c. à soupe) d'olives noires

½ c. à thé de thym frais

15 ml (1 c. à soupe) d'huile d'olive

Sel et poivre fraîchement moulu

Darne de saumon au pesto à la coriandre

4 portions

Préparation

Mélanger tous les ingrédients du pesto dans un robot culinaire et verser l'huile d'olive en filet, environ 60 ml (½ tasse). Transvider dans un bol de service recouvert d'une pellicule plastique ou dans un contenant hermétique. Préchauffer le four à 180 °C (350 °F). Cuire le poisson dans un plat recouvert d'une feuille de papier parchemin 15 minutes ou moins (soit 3 minutes par cm d'épaisseur), selon les préférences. Vérifier la cuisson. Assaisonner.

Pendant la cuisson du poisson, faire bouillir de l'eau, ajouter du sel et les pâtes. Cuire 5 minutes ou plus selon les indications sur l'emballage. Égoutter, arroser d'un filet d'huile d'olive, et ajouter l'ail et un peu de zeste de citron. Les servir avec le poisson cuit à point (la chair se défait à la fourchette). Le pesto à la coriandre peut être nappé sur le poisson ou servi à part, comme sauce d'accompagnement; servir chaud ou à la température de la pièce.

Suggestions

Remplacez les noix de Grenoble par des noix de pin. Doublez les quantités de la recette de pesto et conservez dans un contenant hermétique au réfrigérateur.

Ingrédients

4 darnes de saumon
(125 à 150 g [4 à 5 oz] chacune)

Pesto à la coriandre

Coriandre fraîche : 2 parties

Persil frais : 1 partie

1 petite gousse d'ail

Le jus d'un demi-citron

12 g (2 c. à soupe) de parmesan râpé

20 à 30 g (2 à 3 c. à soupe) de noix de Grenoble

Sel et poivre fraîchement moulu

Pincée de curcuma (au goût)

60 ml (¼ tasse) d'huile d'olive

Accompagnement

Nouilles à l'encre de calmar

Huile d'olive

Ail haché

Zeste de citron

Vermicelles croustillants aux crevettes

1 portion

Préparation

Étuver le chou-fleur à l'eau parfumée au curcuma (ajouter environ 1 c. à soupe de poudre de curcuma par litre d'eau et saupoudrer de poivre noir). Ne pas prolonger la cuisson au-delà de 4 à 5 minutes. Le chou-fleur doit demeurer croustillant. Nettoyer les feuilles de chou nappa et les émincer. Ajouter un peu d'huile végétale bio dans un wok et faire sauter le chou nappa et les crevettes avec l'ail émincé pas plus de quelques minutes, en versant un filet de vin de riz et de la sauce soya. Terminer en incorporant le chou-fleur; verser de la sauce mirin pour glacer et sucrer légèrement, si désiré. Réserver. Dans une friteuse ou à la poêle, faire chauffer assez d'huile d'arachide pour faire sauter les vermicelles de riz quelques minutes avant de servir. Présenter les légumes chauds sur les vermicelles.

Suggestions

Les vermicelles de riz sont très fins et se brisent facilement. Si vous ne voulez pas les frire, ils cuisent presque instantanément dans l'eau chaude. Cependant, vous devez les faire tremper préalablement. On peut les remplacer par des nouilles de soya ou à base de fèves mung qui, une fois trempées, gonflent et deviennent transparentes. Elles doivent aussi être trempées dans l'eau chaude 5 minutes avant la cuisson. On les appelle souvent « nouilles cellophane ».

Remarque

La sauce mirin vient de la cuisine japonaise où elle est employée dans des plats tels que le teriyaki et le sukiyaki (fondue japonaise). Elle apporte une saveur nouvelle et délicate aux aliments tout en les glaçant. Ce condiment légèrement sucré est fait, entre autres, de vinaigre et d'assaisonnements de riz fermentés. On peut s'en procurer facilement dans les magasins d'aliments naturels, les épiceries asiatiques et de plus en plus facilement à votre supermarché.

Ingrédients

25 g (½ tasse) de chou-fleur

9 g (1 c. à soupe) de curcuma

Poivre noir fraîchement moulu

25 g (½ tasse) de chou nappa

Huile végétale bio

8 crevettes moyennes décortiquées

1 gousse d'ail émincée

Vin de riz ou xérès

Sauce soya

Sauce Mirin (facultatif)

Huile d'arachide

Vermicelles de riz

Pavés de thon grillé et salsa

2 portions

Préparation

Laver le poisson. L'essuyer avec du papier absorbant et le déposer dans un plat en verre, en inox ou en porcelaine. Faire griller les graines de cumin et les écraser dans un mortier avec le zeste de lime, le sel et le poivre. Humecter les pavés de thon d'huile d'olive et saupoudrer les épices en les pressant sur le dessus. Réserver 30 minutes.

Pour la salsa, couper l'oignon, le poivron et le céleri en dés; hacher les tomates grossièrement. Ciseler les herbes et les incorporer aux légumes. Verser du jus de lime, de la sauce mirin et de l'huile d'olive; bien mélanger puis assaisonner au goût. Réserver.

Cuire le thon dans un poêlon antiadhésif cannelé environ 2 minutes de chaque côté ou plus, selon la cuisson désirée. Arroser du jus de lime restant (facultatif). Servir avec la salsa. Agrémenter de rondelles ou de quartiers de lime. Servir ce plat accompagné d'une salade verte et de tortillas.

Suggestions

Si vous n'avez pas de sauce mirin, vous pouvez mélanger 1 c. à thé de vin blanc avec ½ c. à thé de miel.

Ingrédients

2 pavés de thon de 180 g (6 oz) environ

1 c. à thé de graines de cumin

Zeste de lime et son jus

Sel et poivre fraîchement moulu

30 ml (2 c. à soupe) d'huile d'olive extravierge

Pincée de flocons de piment rouge séché

Salsa

1 petit oignon rouge perlé

1 poivron rouge épépiné

1 branche de céleri

10 à 12 tomates cerises

5 g (2 c. à soupe) de coriandre fraîche

5 g (2 c. à soupe) de menthe fraîche

15 ml (1 c. à soupe) de jus de lime

1 c. à thé de sauce mirin

½ c. à thé d'huile d'olive

Rondelles de lime (facultatif)

Grillades de calmars en sauce verte

2 portions

Préparation

Mélanger tous les ingrédients de la sauce dans un robot culinaire. Verser l'huile d'olive en filet. Assaisonner. Ajuster la quantité de moutarde; commencer par une petite c. à thé.

Dans un bol en verre, verser de l'huile d'olive dans un peu d'huile d'olive aromatisée à l'ail et y déposer la gousse d'ail écrasée.

Laver les calmars, les assécher et les couper en rondelles. Faire griller de chaque côté en les saupoudrant de sel, de poivre fraîchement moulu et de persil et d'origan ciselés, si désiré. Servir avec du citron et la sauce verte offerte en saucière.

Suggestions

Une salade d'épinards fera un bon accompagnement; des pommes de terre au four ou des légumes grillés seront aussi agréables à servir.

Ingrédients

Huile d'olive aromatisée à l'ail

Huile d'olive

1 gousse d'ail écrasée

2 calmars nettoyés

Sel et poivre fraîchement moulu

½ c. à thé de persil frais ciselé

½ c. à thé d'origan frais ciselé

Citron

Sauce verte

1 filet d'anchois

½ c. à thé de graines de lin moulues (facultatif)

1 c. à thé de câpres

Persil frais

Basilic

Menthe

Vinaigre balsamique blanc

Huile d'olive ou de pépins de raisin

Sel et poivre fraîchement moulu

Moutarde de Dijon

Coquilles aux fruits de mer et à l'orzo

2 portions

Préparation

Cuire les pâtes et ne pas les rincer. Réserver. Faire revenir l'ail dans l'huile d'olive et cuire les fruits de mer à feu moyen. Ajouter les tomates avec le jus ainsi que les herbes ciselées. Réduire. Goûter et rectifier l'assaisonnement. Râper le fromage. L'ajouter à la sauce tomate. Incorporer les pâtes. Remuer et servir.

Ingrédients

140 g (¾ tasse) d'orzo

1 gousse d'ail

Huile d'olive

6 pétoncles moyens

4 crevettes

75 g (½ tasse) de tomates en dés avec le jus

3 g (1 c. à soupe) de persil haché

Thym, origan, basilic frais

Sel et poivre au curcuma

6 g (1 c. à soupe) de fromage parmesan frais

Maquereau braisé aux tomates et basilica

1 portion

Préparation

Préchauffer le four à 180 °C (350 °F). Déposer le poisson nettoyé dans un plat huilé peu profond en verre, en inox ou en céramique. Émincer le basilic, trancher les oignons et les quelques tomates. Saupoudrer l'intérieur du poisson de sel et de poivre et ajouter le basilic, les tranches d'oignon et de tomate et verser un filet d'huile d'olive. Ne pas trop farcir car le poisson rétrécit à la cuisson. Verser le bouillon de légumes et le vin rouge (si on n'emploie pas de vin, doubler la quantité de bouillon). Cuire au four le temps nécessaire pour que la chair soit cuite. Vérifier en cours de cuisson et en profiter pour arroser. Pendant ce temps, cuire les asperges à la vapeur, les égoutter. Réserver.

Servir le poisson arrosé de jus de cuisson, avec les asperges, des tomates cerises et des quartiers de citron, si désiré.

Ingrédients

1 petit maquereau (150 g [5 oz])

Huile d'olive

Basilic frais émincé

3 oignons rouges

8 à 10 tomates cerises

Sel et poivre fraîchement moulu

60 ml (¼ tasse) de bouillon de légumes

60 ml (¼ tasse) de vin rouge (facultatif)

Portion d'asperges

Quartiers de citron (facultatif)

Chili con carne

4 portions

Préparation

Couper l'oignon, le poivron doux et les tomates séchées en dés. Hacher l'ail. Faire sauter l'oignon et l'ail dans l'huile quelques minutes pour qu'ils soient tendres et légèrement dorés. Ajouter la viande et les épices. Cuire à feu moyen-élevé. Arroser de vin rouge si désiré et bien mélanger. Dégraisser avant d'incorporer les tomates, la pâte de tomate et les légumineuses. Laisser mijoter à feu doux de 30 à 45 minutes. Vérifier la consistance en ajoutant un peu d'eau au besoin. Servir bien chaud dans des moitiés de poivron mexicain soigneusement évidés, ou garni de fromage râpé style Monterey Jack si désiré. Accompagner ce plat de tacos ou de tortillas, d'une salade verte et de crème sure.

Ingrédients

1 gros oignon

1 poivron doux

6 tomates séchées

1 gousse d'ail

Huile d'olive

450 g (1 lb) de bœuf ou de veau haché maigre

1 c. à thé de chili en poudre (au goût) ou ½ petit piment rouge épépiné

¼ c. à thé de cumin

1 c. à thé de curcuma

½ c. à thé de poivre noir

¼ c. à thé d'origan

Pincée de cannelle

30 ml (2 c. à soupe) de vin rouge (facultatif)

150 g (1 tasse) de légumineuses mélangées (cuites)

800 ml (3¼ tasse) (1 boîte) de tomates en morceaux

15 ml (1 c. à soupe) de pâte de tomate

8 poivrons cubanel

Fromage râpé (facultatif)

Filet de porc au chocolat et aux framboises

2 à 3 portions

Préparation

Saisir le filet de porc dans l'huile d'olive. Cuire au four à 180 °C (350 °F) environ 15 minutes. Préparer la sauce au chocolat. Dégraisser la poêle et faire revenir les oignons. Déglacer au jus de citron. Réduire. Incorporer les framboises hachées grossièrement et le romarin. Cuire lentement à feu très doux. Mouiller à l'eau ou au bouillon de légumes. Après la cuisson, incorporer le chocolat, le miel au goût et brasser délicatement. Napper ou servir en saucière.

Ingrédients

1 petit filet de porc (250 g [9 oz])

Huile d'olive

10 g (1 c. à soupe) d'oignons rouges hachés

Jus de citron

80 à 100 g (⅓ à ½ tasse) de framboises congelées ou fraîches

½ c. à thé de romarin haché (au goût)

50 ml (¼ tasse) de bouillon de légumes ou d'eau

25 g (¾ oz) de chocolat noir

Miel

Mijoté de porc à la mangue

2 portions

Préparation

Dans un faitout, couvrir les jarrets d'eau froide et porter à ébullition. Réduire le feu et cuire pendant 1 heure environ. Retirer les jarrets et jeter. Enlever la couenne et le gras. Couper la viande de porc en bouchées. Couper les tranches de mangue, l'oignon en morceaux et verser le bouillon. Laisser mijoter à feu doux 1 heure avec les feuilles de sauge. Vers la fin de la cuisson, décanter. Faire un beurre manié (quantité égale de farine et de beurre mou malaxés à la fourchette) pour épaissir la sauce. Bien remuer. Rectifier l'assaisonnement. Ajouter de l'eau au besoin.

Ingrédients

2 jarrets de porc

60 g (⅓ tasse) de mangue fraîche en lanières

1 oignon rouge en morceaux

250 ml (1 tasse) de bouillon de légumes

Sauge fraîche

15 g (1 c. à soupe) de beurre manié

Sel et poivre au curcuma

Pincée de poivre de Jamaïque

Brochettes de veau tandoori

3 à 4 portions

Préparation

Faire griller à sec les graines de coriandre pour en faire ressortir les saveurs et réduire dans un mortier. Couper la viande en cubes et la piquer à la fourchette. Mélanger assez de yogourt pour bien recouvrir la viande. Ajouter l'ail, la moitié des épices, le poivre, le sel et les graines de pavot. Bien mélanger la viande avec ces ingrédients. (Préparée la veille, la viande peut ainsi mariner au moins 8 heures au réfrigérateur. La sortir 1 heure à l'avance.)

Enfiler les cubes de viande en alternance avec les oignons perlés sur des brochettes métalliques. Cuire au four à 190 °C (375 °F). Badigeonner de beurre clarifié et d'épices après les 4 premières minutes de cuisson et quelques fois en cours de cuisson. Les brochettes doivent dorer et une mince croûte doit se former.

Servir accompagné de riz basmati au curcuma, de brocoli ou d'une salade.

Suggestions

Les brochettes de bois doivent être préalablement trempées dans l'eau pour qu'elles ne brûlent pas pendant que la viande grille.

Remarque

Le ghee ou beurre clarifié, qui a été débarrassé de son petit lait. Il ne brûle donc pas. Il faut faire fondre du beurre à feu très doux ou au bain-marie, puis le filtrer à l'aide d'une passoire munie d'un linge pour retenir le petit lait qui a formé un dépôt.

Ingrédients

Une pincée de chacune des épices suivantes : curcuma, poudre de chili, cumin, muscade râpée, cannelle et coriandre

350 g (11½ oz) de gigot ou d'épaule de veau (ou d'agneau)

Yogourt nature

1 gousse d'ail écrasée

Graines de pavot

Poivre noir

Sel fin

Oignons perlés

Beurre clarifié (ghee)

Foie de veau au vin rouge

4 portions

Préparation

Hacher les herbes. Couper le foie en tranches fines. Les faire mariner 30 minutes à 1 heure dans le vin rouge et un peu de thym et d'estragon. Faire sauter les oignons dans l'huile quelques minutes et ajouter les herbes (sauf le persil), une pincée de sel, le miel et le vinaigre. Réserver. Assaisonner la farine avec du sel et du poivre au curcuma. Enfariner les tranches de foie et les cuire très rapidement dans l'huile d'olive pour qu'elles soient dorées mais rosées à l'intérieur. Garder au chaud. Verser le vin rouge dans la poêle en grattant le fond et faire bouillir pour obtenir un peu de sauce (réduire au ⅔ ou à la ½, au goût). Parfumer à l'estragon. Servir le foie avec les oignons aux herbes et la sauce au vin rouge en accompagnement.

Suggestions

Un vin sicilien de type marsala serait intéressant à utiliser car il est doux et liquoreux. D'ailleurs, il est servi pour déguster des pâtisseries fines italiennes.

Ingrédients

Brins de thym

Brins d'estragon

6 g (2 c. à soupe) de persil haché

650 g (23 oz) de foie de veau

180 ml (¾ tasse) de vin rouge doux

12 oignons perlés

60 ml (¼ tasse) d'huile d'olive

Sel et poivre au curcuma

½ c. à thé de miel

15 ml (1 c. à soupe) de vinaigre balsamique

20 g (2 c. à soupe) de farine de kamut

Rôti de chevreau à l'ail et légumes du jardin

4 portions

Préparation

Préchauffer le four à 120 °C (250 °F). Couper les gousses d'ail en morceaux sur la longueur. Piquer le rôti avec l'ail et disposer les brins d'herbes fraîches tout autour en les passant sous les ficelles. Mélanger de la moutarde de Dijon avec un peu d'huile d'olive et enduire le rôti. Assaisonner. Verser le vin rouge au fond du plat. Cuire lentement 2 heures et demie environ. Faire réduire le jus de cuisson. Ajouter tous les ingrédients pour la sauce et laisser mijoter 5 à 8 minutes. Rectifier l'assaisonnement.

Suggestions

Profitez de la chaleur du four pour faire griller des légumes racines, oignons, ail, poireaux, badigeonnés d'huile. Tout simplement délicieux pour accompagner un rôti !

Remarque

La viande de chèvre est faible en gras et contient du fer en quantité intéressante. Une portion de 85 g de bœuf contient 6,8 g de gras saturé tandis que la viande de chèvre n'en contient que 0,79 g. Elle est également riche en protéines, soit 23 g, et contient plus de fer (3,3 g). Son apport calorique est inférieur, soit 122 contre 245 pour le bœuf.

Ingrédients

2 à 3 gousses d'ail

1 rôti d'épaule de chevreau

Brins de romarin

Brins de sarriette

Moutarde de Dijon

Huile d'olive

Sel et poivre

125 ml (½ tasse) de vin rouge ou blanc sec

Sauce

250 ml (1 tasse) de bouillon de légumes ou de poulet

1 échalote grise hachée

Brins de romarin, estragon

½ c. à thé d'ail haché

Miel (au goût)

Sel et poivre au curcuma

Coquilles farcies au saumon fumé

4 portions

Préparation

Faire suer 2 tasses de feuilles d'épinards à sec. Assaisonner. Faire revenir l'échalote dans l'huile d'olive; ajouter les épinards, la crème, le fromage, le sel, le poivre et le curcuma. À feu doux, brasser pour que le mélange ne colle pas. Passer au mélangeur. Cuire les pâtes et ne pas les rincer. Les arroser d'huile d'olive. Garnir les coquilles d'épinards et verser la sauce bien chaude sur le saumon à l'intérieur. Servir avec une salade de légumes ou des légumes à l'étuvée.

Suggestions
Attention à ne pas trop saler la sauce si on utilise un gravlax déjà amplement salé.

Ingrédients

170 g (5 tasses) d'épinards

12 grosses coquilles

300 g (10½ oz) de saumon fumé ou gravlax

Sauce

1 échalote grise

15 ml (1c. à soupe) d'huile d'olive

60 g (2 tasses) de petites feuilles d'épinards

375 ml (1½ tasse) de crème à cuisson (15 %)

75 g (¾ tasse) de fromage suisse

Sel

Poivre

Curcuma

Feuilletés aux crevettes et légumes

3 portions

Préparation

Détailler les légumes en bouchées et émincer l'ail. Pour faire un roux, utiliser une casserole à fond épais dans laquelle faire revenir le beurre avec la farine à feu moyen. Ajouter 250 ml (1 tasse) de bouillon de légumes froid. Porter à ébullition en brassant. Incorporer la crème 15 % ou 35 %. Assaisonner de cerfeuil. Préchauffer le four à 200 °C (400 °F).

Rouler la pâte feuilletée et découper des cercles. Remplir les ramequins de crevettes et de légumes et abaisser la pâte. Badigeonner d'œuf battu. Cuire jusqu'à ce que la pâte soit dorée. Servir.

Ingrédients

Brocoli et chou-fleur

1 gousse d'ail

45 g (3 c. à soupe) de beurre

30 g (3 c. à soupe) de farine de kamut

250 ml (1 tasse) de bouillon de légumes

Crème à cuisson

Cerfeuil

200 g (7 oz) de pâte feuilletée
(voir la recette ci-dessous)

3 ou 4 crevettes en morceaux

œuf

Ingrédients pour la pâte feuilletée

200 g (2⅓ tasse) de farine à gâteau

1 c. à thé de sel

100 ml (⅓ tasse + 4 c. à thé) d'eau froide

150 g (½ tasse + 2 c. à soupe) de beurre

Beurre supplémentaire
(environ 50 g [¼ tasse])

Pâte feuilletée tout beurre

Faire une pâte feuilletée demande environ 4 heures. Il est possible d'utiliser un beurre de bonne qualité plutôt que du shortening. L'addition de jus de citron rendra la pâte régulière plus feuilletée. Ma mère utilisait toujours du soda citron-limette à la place de l'eau froide. La pâte feuilletée commerciale est pratique et rapide à utiliser, mais comme tous les produits de boulangerie commerciaux, elle contient une quantité de shortening riche en gras saturés et en gras trans, qui font augmenter les risques de maladie du cœur.

Sur le plan de travail, faire un puits avec la farine et mélanger le sel avec l'eau froide. Râper le beurre froid ou le couper en copeaux. Du bout des doigts, travailler le mélange jusqu'à obtention d'une pâte ferme, appelée « détrempe ». Ajouter de l'eau si elle est trop sèche. Faire une boule.

Reposer 30 minutes enveloppée de film plastique. Abaisser la détrempe en un carré de 25 cm (10 po) sur une épaisseur d'environ 2 cm (¾ pouces).

Il faut ensuite « beurrer » la préparation en aplatissant le beurre sur la pâte, totalisant 15 cm carrés (6 po carrés). Déposer la pâte entre 2 feuilles de papier parchemin et commencer à petits coups de rouleau puis aplatir pour lui donner sa dimension. Fermer comme une enveloppe en repliant les 4 coins. Allonger la pâte au rouleau pour avoir une bande rectangulaire assez mince. Replier la bande en trois en la pliant sur elle-même, faire un 1er tour au rouleau. Refaire un 2e tour. Reposer 20 minutes (enveloppée de film plastique) et refaire la même séquence. Reposer 20 minutes et redonner encore 2 derniers tours.

Pâté crémeux aux poireaux et prosciutto

2 portions

Préparation

Couper les légumes en petits morceaux. Les faire revenir dans l'huile d'olive quelques minutes. Travailler la pâte phyllo rapidement, en prenant soin de recouvrir les feuilles d'un linge humide. Couper des rectangles et les badigeonner de beurre fondu. Déposer le prosciutto, les légumes, les noix et le fromage au centre et replier chaque côté du rectangle en le ramenant vers le centre, chaque côté se rabattant ainsi les uns sur les autres. Procéder rapidement et avec précaution car la pâte phyllo est très fragile; ajouter du beurre si nécessaire. Cuire au four préchauffé à 190 °C (375 °F), sur une plaque à biscuits recouverte de papier parchemin, 35 à 40 minutes environ ou jusqu'à ce que le pâté soit d'une belle teinte dorée.

Ingrédients

2 poireaux

160 g (1½ tasse) de chou-fleur et de brocoli

Huile d'olive

10 à 12 feuilles de pâte phyllo

80 g (⅓ tasse) de beurre fondu

50 g (½ tasse) d'emmental ou de fromage suisse râpé

4 tranches de prosciutto

35 g (¼ tasse) de noix de pin grillées

Frittata

4 à 5 portions

Préparation

Battre les œufs. Couper tous les légumes, le persil et l'ail en petits morceaux et les incorporer au mélange. Assaisonner. Cuire une dizaine de minutes dans un poêlon antiadhésif. Terminer la cuisson au four à 190 °C (375 °F) pour faire fondre le fromage râpé. Couper en quartiers et servir accompagné d'une salade verte et de pain à grains entiers ou de craquelins norvégiens à la farine de seigle.

Ingrédients

2 œufs

2 blancs d'œufs

1 échalote hachée

¼ poivron rouge en dés

¼ poivron orange en dés

¼ poivron vert en dés

20 g (¼ tasse) de brocoli

20 g (¼ tasse) de chou-fleur

3 g (1 c. à soupe) de persil haché (facultatif)

1 gousse d'ail

Sel et poivre fraîchement moulu

Pincée de curcuma (facultatif)

Fromage mozzarella râpé

Quiche aux poireaux et fromage de chèvre

2 portions

Préparation

Faire revenir les poireaux 2 minutes dans l'huile d'olive. Les ajouter au mélange de lait ou de crème, d'œufs battus et de fromage. Assaisonner. Réserver.

Pour la pâte, mélanger les ingrédients secs. Incorporer le beurre en frottant du bout des doigts ou à l'aide d'un coupe-pâte ou en pulsant au robot culinaire. Battre le jaune d'œuf avec 30 ml (2 c. à soupe) d'eau glacée. Former un puits et verser sur la pâte. Mélanger en ajoutant de l'eau glacée au besoin. Former une boule de pâte et la pétrir. Envelopper de pellicule plastique et réfrigérer 30 minutes. Sortir la pâte 15 minutes avant de l'abaisser. Pétrir sur une surface de travail enfarinée. Abaisser la pâte. La déposer dans le moule. Presser contre les bords et couper l'excédent. Piquer l'abaisse à la fourchette, couvrir de papier sulfurisé et recouvrir de haricots secs ou de billes de verre. Les haricots ou les billes feront un poids et empêcheront ainsi la pâte de gonfler. Cuire 10 à 12 minutes. La croûte doit refroidir avant qu'on y dépose la garniture et les tomates. Cuire au four à 180 °C (350 °F) 20 à 35 minutes ou jusqu'à ce que le centre soit bien pris. Selon la grandeur du moule, le temps de cuisson pourrait varier.

Garniture

450 g (16 oz) de poireaux (2 ou 3)

Huile d'olive

250 ml (1 tasse) de crème ou de lait

2 gros œufs battus

60 g (¼ tasse) de fromage de chèvre

Sel et poivre, au goût

Tomates cerises (pour la décoration)

Pâte à tarte au fromage

250 g de farine complète biologique

35 g (6 c. à soupe) de parmesan râpé

125 g (½ tasse) de beurre mi-salé

1 jaune œuf

Sel et poivre

30 à 45 ml (2 à 3 c. à soupe) d'eau glacée

Pâté aux épinards et feta grecque

6 portions

Préparation

Blanchir les épinards, les passer sous l'eau froide et les éponger pour enlever l'excédent d'eau. Les hacher grossièrement. Faire revenir l'ail émincé dans l'huile avec les oignons hachés à feu moyen quelques minutes. Incorporer le persil. Brasser. Retirer du feu. Saupoudrer de muscade et de poivre et mélanger. Réserver dans un bol. Dans un autre bol, défaire le feta et le mouiller avec de la crème.

Travailler la pâte phyllo rapidement en prenant soin de recouvrir les feuilles d'un linge humide. Déposer le fromage feta et le mélange d'épinards sur les feuilles badigeonnées de beurre, en laissant une bordure d'un pouce de chaque côté. Rouler en procédant rapidement et avec précaution car la pâte phyllo est très fragile; ajouter du beurre si nécessaire. Faire 3 incisions sur le dessus du rouleau. Déposer la bordure du rouleau à plat sur une plaque à biscuits. Cuire au four préchauffé à 190 °C (375 °F) environ 35 à 40 minutes ou jusqu'à ce que le pâté soit d'une belle teinte dorée. Couper en tranches. Servir chaud ou tiède.

Ingrédients

170 g (5 tasses) d'épinards

1 gousse d'ail

Huile d'olive extra vierge

2 oignons perlés

15 g (¼ tasse) de persil haché

Une pincée de muscade

Poivre noir moulu

115 g (¾ tasse) de fromage feta

60 ml (¼ tasse) de crème

8 à 10 feuilles de pâte phyllo

90 à 105 g (6 à 7 c. à soupe) de beurre fondu non salé

Quiche au parmesan et tomates séchées

4 à 5 portions

Préparation

Voir la page 74 pour la préparation de la pâte.

Tremper les tomates séchées dans l'eau 30 minutes. Couper les gousses d'ail en tranches fines et les faire griller légèrement. Réserver. Lorsque la croûte a refroidi, battre les œufs et ajouter le lait. Incorporer les tomates, l'ail, l'huile d'olive et le parmesan. Assaisonner.

Ingrédients pour la pâte

250 g (1⅔ tasse) de farine de blé entier

½ c. à thé de sel

200 g (⅘ tasse) de beurre non salé

80 ml (⅓ tasse) d'eau glacée

Garniture

40 g (½ tasse) de tomates séchées

2 gousses d'ail

2 gros œufs

250 ml (1 tasse) de lait

50 g (½ tasse) de parmesan râpé

Sel et poivre au curcuma

5 ml (1 c. à thé) d'huile d'olive

Sandwich-surprise aux fraises

6 à 8 portions

Préparation

Couper le dessus du pain et conserver cette croûte dont on se servira plus tard comme capuchon. Couper à la verticale un cylindre de mie. Dégager en coupant tout près du fond. Trancher ce morceau en 2 ou 3 tranches d'environ 4 cm (½ po) d'épaisseur, selon la grosseur du pain, puis en pointes régulières. Mélanger la ciboulette ciselée avec le fromage. Tartiner le pain de ce mélange et déposer de fines tranches de fraises. Assaisonner. Reformer le pain en disposant les sandwichs à l'intérieur. Refermer tel un coffre…

Ingrédients

1 grosse miche de pain de blé entier

Ciboulette hachée

Fromage de chèvre crémeux

Fraises

Sel et poivre noir

Sandwich spa méditerranéen

1 portion

Préparation

Chauffer un poêlon et verser un filet d'huile d'olive pour faire suer l'échalote. Refroidir. Verser dans un bol le poisson cuit avec l'échalote, la crème, la mayonnaise ainsi que le thym et le zeste de citron si désiré, le basilic finement haché et le jus de citron. Bien mélanger. Assaisonner. Trancher le concombre à la mandoline et couper les tomates cerises en tranches. Napper la tranche de pain de pâté et superposer les légumes. Servir avec du thé vert au citron ou de l'eau minérale.

Remarque

Le pain pumpernickel est originalement fabriqué en Westphalie, une région du nord de l'Allemagne. Il est fait de seigle ou de gruau de seigle et ne contient aucun agent de conservation. Il a un indice glycémique très acceptable.

Ingrédients

Huile d'olive extravierge

1 c. à thé d'échalote grise hachée

70 g (⅓ tasse) de chair de maquereau cuit

1 partie de crème sure

1 partie de mayonnaise maison à l'huile d'olive

Pincée de thym frais (facultatif)

Zeste de citron (facultatif)

Pincée de poivre de Cayenne

Basilic haché

¼ c. à thé de jus de citron

Sel et poivre

Concombre

Tomates cerises

Luzerne

Pain pumpernickel

Minipizzas garnies aux tomates

1 portion

Préparation

Tamiser les ingrédients secs dans un bol, sauf la levure. Créer un puits au centre. Verser la levure dans une tasse et y ajouter 125 ml (½ tasse) d'eau filtrée chaude. Mélanger pour dissoudre complètement. La verser dans le puits. Pétrir. Ajouter le lait, l'huile d'olive et continuer à pétrir jusqu'à ce que toute l'huile soit absorbée. Ajouter du lait tiède au besoin. Mettre dans un bol et recouvrir d'un linge ou d'une pellicule plastique et laisser gonfler pendant 2 à 3 heures. Pour ce faire, placer le bol dans un endroit chaud.

Préparer la garniture. Dénoyauter les olives et les couper en morceaux. Couper les oignons, l'ail et les olives en tranches minces; effeuiller les herbes. Dans un saladier, mettre tous les ingrédients et verser de l'huile d'olive. Remuer pour bien enrober. Assaisonner et garder au froid. Lorsque la pâte est bien gonflée, la diviser en 4 ou 6 portions. Étaler la pâte sur une plaque à biscuits. La travailler en pressant à partir du milieu vers le bord pour former un carré.

Étaler la garniture sur la pâte à pizza et cuire au four préchauffé à 200 °C (400 °F) jusqu'à ce que la pâte soit dorée. Pour une pâte plus mince, utiliser la moitié de la recette et congeler le reste.

Suggestions

Doubler la recette et congeler votre pâte. Pour des hors-d'œuvre, faire de plus petits carrés ou les couper une fois la pizza cuite. Préparer la garniture la veille et la conserver au réfrigérateur en vue d'une réception prévue pour le lendemain. La pâte commerciale congelée est une solution de rechange des plus pratiques.

Ingrédients pour la pâte à pizza

300 g (2 tasses) de farine tout usage (et un peu plus pour la surface de travail)

½ c. à thé de sel

¼ c. à thé de sucre

15 g (1 c. à soupe) de levure de boulangerie

125 ml (½ tasse) de lait tiède

30 ml (2 c. à soupe) d'huile d'olive

Garniture

1 poignée d'olives noires Kalamata

6 à 8 oignons perlés rouges

4 à 6 gousses d'ail

Herbes fraîches au choix (romarin, estragon, basilic, origan)

10 à 15 tomates cerises

1 c. à thé de pâte d'anchois (facultatif)

Sel et poivre

30 ml (2 c. à soupe) d'huile d'olive extravierge

Rouleaux à la truite et aux légumes

4 à 6 portions

Préparation

Tremper les vermicelles de riz et les champignons dans l'eau chaude (dans deux bols différents). Les égoutter. Dans un faitout rempli d'eau bouillante, cuire les vermicelles 2 à 3 minutes. Égoutter, rincer sous l'eau froide et éponger. Transférer dans un saladier. Éponger aussi les champignons, couper les tiges et les détailler finement. Râper la carotte en juliennes, hacher la menthe, l'oignon vert et les pousses de bambou. Dans un bol, mélanger le miel avec la sauce de poisson et l'huile de sésame. Faire sauter les légumes et l'ail (sauf la menthe) dans l'huile 2 minutes et verser un trait de vin de cuisson chinois. Tiédir. Couper le poisson en cubes. Incorporer tous les ingrédients aux vermicelles. Arroser de sauce. Remuer.

Préparer les rouleaux. Pour garnir, humecter les bords et déposer le mélange de légumes et des cubes de truite. Replier les bords vers le milieu et enrouler. Souder les bords en pressant. Frire en 2 fois pendant 6 à 8 minutes dans l'huile pas trop chaude. Égoutter sur du papier essuie-tout. Servir avec la sauce d'accompagnement.

Pour la sauce d'accompagnement, mélanger tous les ingrédients au robot culinaire ou au fouet. Ajuster la quantité de piment et l'onctuosité de la sauce en additionnant plus de bouillon de légumes ou de thé vert.

Suggestions

Mettre du lait de coco crémeux dans la sauce en remplacement du beurre d'amande. Les galettes de riz séchées que l'on doit humecter, conviennent également à la préparation des rouleaux frits ou crus.

Ingrédients

Feuilles de pâte pour rouleaux de printemps (feuilles brick)

Vermicelles de riz fins

2 champignons shiitake séchés (ou frais)

1 petite carotte

Feuilles de menthe (facultatif)

1 oignon vert

17 g (2 c. à soupe) de pousses de bambou hachées

1 c. à thé de miel

1 c. à thé de sauce de poisson

½ c. à thé d'huile de sésame

1 gousse d'ail hachée

Fèves germées (facultatif)

Huile végétale pour la friture

Trait de vin chinois ou de xérès sec

75 g (2½ oz) de filet de truite cuit

Ingrédients pour la sauce

1 gousse d'ail hachée

⅛ c. à thé de piment rouge haché fin

15 ml (1 c. à soupe) d'huile de pépins de raisin bio

15 g (1 c. à soupe) de beurre d'arachide (ou d'amande)

15 ml (1 c. à soupe) de jus de citron

15 ml (1 c. à soupe) de sauce de poisson (ou soya)

1 c. à thé de miel (au goût)

Bouillon de légumes ou infusion de thé vert bancha ou sencha

Pouding rapide au chocolat noir

6 portions

Préparation

Faire fondre le chocolat dans un bain-marie. Ajouter quelques gouttes d'huile de noisettes si désiré. Délayer la fécule dans un peu de lait froid. Dans une casserole, verser le lait de soya et porter à ébullition. Ajouter la fécule et le chocolat fondu. Sucrer au goût avec du miel ou du stevia. Remuer à l'aide d'une cuillère en bois. Réduire le feu. Cuire jusqu'à épaississement. Laisser refroidir dans un bol rempli de glaçons ou au réfrigérateur. Étager le pouding en alternant avec des framboises ou d'autres petits fruits. Servir.

Ingrédients

80 à 100 g (2 à 4 oz) de chocolat noir (70 %)

Quelques gouttes d'huile de noisettes (facultatif)

22 g (3 c. à soupe) de fécule de maïs

750 ml (3 tasses) de lait de soya

Miel ou stevia

Framboises

Pouding au riz style indien

2 portions

Préparation

Dans une casserole, verser le lait, le riz arborio, la pincée de sel, les raisins secs, le bâton de cannelle et la vanille. Amener à ébullition. Réduire le feu et cuire lentement 35 à 40 minutes en brassant de temps à autre pour ne pas que le riz colle au fond. Enlever la fine peau qui se forme en cuisant le lait de soya. Goûter au riz. Selon les préférences, poursuivre la cuisson ou retirer du feu. Aromatiser à l'eau de rose et sucrer au goût avec du miel ou du stevia. Garnir de noix.

Suggestions

Ajoutez du zeste d'orange ou parfumez à l'eau de fleur d'oranger. Vous pouvez remplacer la cannelle par des graines de cardamome moulues (1 à 2 cosses, au goût).

Ingrédients

4½ tasses (1,12 l) de lait de soya nature

190 g (1 tasse) de riz arborio (riz à risotto)

Pincée de sel

75 g (½ tasse) de raisins secs dorés

1 bâton de cannelle

½ c. à thé de vanille

Eau de rose (environ 1 c. à thé)

Miel ou stevia

Amandes ou pistaches en morceaux (facultatif)

Croustade aux petits fruits

Préparation

Ne pas ramollir le beurre. Hacher les noix si désiré. Mélanger tous les ingrédients, sauf les fruits, à la fourchette (ou travailler avec les doigts) de manière à obtenir un mélange granuleux et sec. Réserver. Trancher les fruits en gros morceaux à l'exception des bleuets.

Placer les fruits frais au fond du moule et déposer une généreuse quantité de mélange à croustade par-dessus. Préchauffer le four à 180 °C (350 °F). Cuire 15 à 20 minutes, jusqu'à ce que la croustade soit bien dorée. Laisser refroidir une dizaine de minutes avant de servir.

Ingrédients

120 g (½ tasse) de beurre mi-salé froid

130 g (½ tasse) de noix de pin

113 g (¾ tasse) de farine de kamut

22 g (¼ tasse) de flocons d'avoine

75 g (6 c. à soupe) combles de cassonade

Petits fruits (fraises, bleuets, framboises, mûres)

Granité aux 3 agrumes et thé vert

Préparation

Préparer une infusion forte de thé vert sencha. Délayer les concentrés de jus avec de l'eau filtrée. Faire un mélange moitié infusion et moitié jus. Verser dans un contenant peu profond. Congeler 30 minutes à 1 heure. Gratter et mélanger à la fourchette pour permettre aux cristaux de glace de bien se répartir. Remettre à congeler 30 minutes. Répéter l'opération quelques fois. Servir dans des coupes préalablement réfrigérées. Saupoudrer de thé vert matcha et napper de miel pur.

Ingrédients

375 ml (1½ tasse) d'infusion de thé vert sencha

30 ml (2 c. à soupe) de concentré de jus d'orange

30 ml (2 c. à soupe) de concentré de limonade

500 ml (2 tasses) d'eau filtrée

250 ml (1 tasse) de jus de pamplemousse rose

Thé en poudre matcha

Miel pur

Tarte au chocolat noir et aux poires

2 portions

Préparation

Former un puits au centre de la farine. Y déposer l'œuf battu et mélanger avec le beurre froid coupé en morceaux, le sucre et une pincée de sel. Le mélange ressemblera à une chapelure grossière. Ne pas trop travailler. Sur une feuille de papier parchemin, aplatir la pâte et former un cercle. Réfrigérer 1 heure. Utiliser un moule à tarte à fond amovible ou graisser un moule régulier. Abaisser un disque de 25 cm (10 po) de diamètre pour bien recouvrir les bords. Avec les doigts, pousser délicatement pour mouler les bords. Laisser retomber la pâte naturellement. Piquer l'abaisse. Réfrigérer au moins 1 heure. Cuire au four préchauffé à 190 °C (375 °F) pendant 5 minutes ou jusqu'à ce que la croûte durcisse. Retirer du four et tailler les bords avec un couteau bien aiguisé. Poursuivre la cuisson au moins 10 minutes ou jusqu'à ce que la croûte soit bien dorée. Laisser refroidir avant de mettre la garniture.

Faire fondre doucement le chocolat dans un bain-marie. Incorporer les noix et le beurre fondu. Laisser tiédir. Trancher les poires et les arroser de jus de citron. Les laisser reposer quelques minutes et éponger le surplus de jus. À l'aide d'une spatule, étendre le chocolat aux noix. Garnir de tranches de poire. Servir.

Ingrédients

1 fond de tarte en pâte sablée de 23 cm (9 po) de diamètre cuit à blanc et refroidi

Pâte sablée

150 g (1 tasse) de farine

1 œuf

120 g (½ tasse) de beurre froid mi-salé

100 g (½ tasse) de sucre

Sel

Garniture

200 g (7 oz) de chocolat noir

40 à 75 g (¼ à ½ tasse) de noix hachées finement (macadam, avelines, pacane)

30 g (2 c. à soupe) de beurre mi-salé

2 à 3 poires mûres (Bosc, Bartlett)

Jus de citron

Soufflé extra au chocolat noir

4 portions

Préparation

Préchauffer le four à 220 °C (425 °F). Dans une petite casserole, faire fondre le beurre à feu doux. Faire fondre le chocolat dans un bain-marie. Laisser tiédir. Battre les jaunes d'œufs avec les ⅔ du sucre jusqu'à ce que le mélange blanchisse et soit mousseux. Incorporer la farine et le beurre fondu tiédi. Dans un cul-de-poule, battre les blancs en neige, ajouter le reste du sucre et battre encore quelques secondes. Combiner le chocolat fondu refroidi avec le mélange de jaunes d'œufs. Incorporer délicatement les blancs en neige.

Répartir la préparation dans quatre petits moules beurrés et enfarinés avec un mélange de farine et de cacao. Cuire 7 à 8 minutes. Surveiller de près afin d'obtenir une croûte externe ferme et un centre tendre. Démouler ou laisser dans les ramequins. Saupoudrer de sucre glace, si désiré.

Ingrédients

70 g (¼ tasse + 2 c. à thé) de beurre mi-salé

85 g (3 oz) de chocolat noir de qualité

3 œufs

25 g (2 c. à soupe) de sucre

1 c. à thé de farine

1 c. à thé de cacao pur de qualité

Sorbet minute

2 portions

Préparation

Réduire tous les ingrédients dans un robot culinaire jusqu'à consistance lisse. Servir immédiatement ou congeler selon la consistance désirée. Garnir d'un éventail en chocolat noir.

Pour la garniture, faire fondre du chocolat noir dans un bain-marie. Sur du papier parchemin, faire des zigzags assez épais pour qu'ils ne se cassent pas en les dégageant. Laisser refroidir. Garnir les sorbets au moment de servir.

Ingrédients

325 g (2 tasses) de petits fruits congelés (framboises, bleuets ou fraises)

Le jus d'un demi-citron

1 blanc d'œuf

30 ml (2 c. à soupe) de miel (au goût)

Garniture

10 g (1 c. à soupe) de copeaux de chocolat noir (70 %)

Minilexique

Baharat
Mélange d'épices utilisé dans les États du Golfe. Il est composé de paprika doux, de poivre gris, de coriandre, de clou de girofle, de cumin, de cardamome et de noix de muscade.

Beurre clarifié
Beurre chauffé dont on a éliminé l'eau et les éléments solides du lait par filtration. Il est utilisé à température élevée pour faire dorer les aliments. Sa saveur est rehaussée.

Blanchir
Cuire les aliments dans l'eau bouillante. Aussi employé pour nuancer les saveurs.

Bouquet garni
Choix de fines herbes comprenant du thym, du persil et des feuilles de laurier. Sa taille est relative; elle dépend de la quantité de liquide à aromatiser. Les herbes sèches ou fraîches sont ficelées. On enveloppera d'étamine les herbes sèches.

Braiser
Cuire dans du liquide.

Câpres
Boutons à fleurs du câprier cueillis avant éclosion, salés et mis à confire dans le vinaigre.

Caraméliser
Rehausser le goût des sucs et autres composantes naturelles des aliments. On caramélise des légumes hachés dans un peu de matière grasse avant d'y ajouter un liquide.

Ciseler
Tailler minutieusement au ciseau.

Con carne
Signifie avec de la viande, en espagnol.

Cul-de-poule
Récipient large de forme arrondie.

Cuillère parisienne
Ustensile dont l'extrémité est semi-sphérique, permettant de former des boules et d'évider des aliments. Communément appelé « cuillère à melon ».

Décanter
Transvaser délicatement un liquide, du bouillon par exemple, de sorte que les matières solides déposées au fond le restent.

Déglacer
Délayer avec un peu de liquide (eau, vin, bouillon, jus de citron, crème, selon l'aliment) le fond d'un poêlon chaud, où vient de cuire un rôti par exemple, en chauffant les sucs caramélisés pour les dissoudre et en faire une sauce d'accompagnement savoureuse.

Écumer
Enlever l'écume qui se forme dans un bouillon, par exemple.

Émincer
Couper en tranches très fines.

Étamine
Morceau de tissu tissé peu serré que l'on utilise pour envelopper des fines herbes.

Étuver
Cuire lentement à couvert dans très peu de liquide ou de matière grasse.

Enokitake
Petit champignon asiatique très décoratif à saveur douce. Communément appelé enoki, il se conserve une semaine au réfrigérateur.

Duxelle
Hachis de champignons, d'échalotes ou d'ail utilisé pour une farce.

Faitout

Marmite ayant deux poignées et munie d'un couvercle.

Fructose

Sucre d'origine végétale contenu dans plusieurs fruits et le miel.

Ghee

Utilisé en cuisine indienne, le ghee est traditionnellement fait de beurre de bufflonne clarifié qui, à très haute température, ne brûlera pas. Il est plus cher que le beurre régulier clarifié.

Lier

Modifier la consistance d'une préparation. On utilisera dans une sauce un aliment liant : beurre, crème ou farine.

Miso

Pâte de soya fermentée naturellement, de bonne valeur nutritive, largement utilisée comme base de bouillon au Japon.

Pancetta

Lard fumé italien.

Pocher

Cuisson d'un aliment en le submergeant dans un liquide relativement réduit.

Pomelo

Nom véritable du pamplemousse blanc ou rose. Peut s'écrire aussi pomélo.

Roux

Préparation faite de farine dorée et de beurre servant à lier la sauce.

Suer

Cuire un aliment dans un ustensile fermé, pour lui faire rendre son jus.

Wakame

Algue marine comestible très courante dans la cuisine japonaise. Bonne source de minéraux, elle est vendue séchée et demande une période de trempage avant d'être consommée.

Bon appétit....